WEISHEIT DER WELT

GAUTAMA BUDDHA

DER PFAD DER VERVOLLKOMMNUNG

Worte des Erwachten

Im O. W. Barth-Programm
bei Scherz

Weisheit der Welt – Band 13

Aus dem Tripitaka übersetzt
von Kurt Schmidt

Zur Einführung

Buddha, das heißt «der Erwachte», ist der Beiname, den der indische Weise Siddhartha Gautama nach seiner vollkommenen Erleuchtung, dem «großen Erwachen», erhielt. Mit der auf dieser Erfahrung basierenden Lehre begründete er jene Weltreligion, die heute im Westen als Buddhismus bekannt ist – in Asien heißt sie einfach der Dharma, was soviel wie die Große Ordnung, das Gesetz, die Lehre bedeutet.
Mitte des sechsten vorchristlichen Jahrhunderts als Sproß des nordindischen Adelsgeschlechts der Shakya geboren, wurde Siddhartha schon bei seiner Geburt prophezeit, daß er der Welt entsagen werde, wenn er des Leides der menschlichen Existenz ansichtig würde. Sein Vater, der in ihm seinen Nachfolger sah, versuchte deshalb, ihn von allem Leid abzuschirmen, und der junge Prinz wuchs in Luxus und Wohlleben auf.
Dennoch begegnete er als junger Mann dem Leiden in Form von Alter, Krankheit

und Tod; von dem Wunsch ergriffen, einen Weg zur Überwindung allen Leides zu finden, verließ er sein Elternhaus, seine Frau und seinen kleinen Sohn und zog als wandernder Asket in die «Hauslosigkeit».
Viele Jahre lang unterzog er sich als Schüler der großen Lehrmeister seiner Zeit den Übungen des Yoga, doch keine dieser Praktiken schien ihm schließlich zur Erlangung vollkommener Befreiung geeignet. Auch die strengste Askese, die ihn an den Rand des körperlichen Todes brachte, erkannte er als ungeeignetes Mittel zu diesem Ziel.
So schlug er denn einen mittleren Weg zwischen Selbstkasteiung und Selbstverwöhnung ein und widmete sich fortan ganz der Übung der stillen Versenkung. In Bodhgaya unter einem Salbaum in Versunkenheit sitzend, erfuhr er in seinem fünfunddreißigsten Lebensjahr eines Morgens beim Anblick des Morgensterns vollkommene Erleuchtung. Seine auf der Erfahrung des Erwachens beruhenden Lehren wurden im sogenannten Pali-Kanon, dem Tripitaka («Dreierkorb»), aufgezeichnet, aus dem die hier vorgelegten Texte stammen.

VOR DEM ERWACHEN

Der Buddha sprach zu seinen Jüngern: Ich wuchs auf unter sorgfältiger Pflege. In meinem väterlichen Heim hatte man für mich Lotosteiche mit blauen, weißen und roten Lotosblumen anlegen lassen. Ich gebrauchte nur die feinsten Salben aus Benares. Aus feinstem Benaresstoff war meine Kleidung. Tag und Nacht wurde ein weißer Schirm über mich gehalten, damit ich nicht durch Kälte oder Hitze oder Staub belästigt würde. Drei Paläste besaß ich, einen für den Winter, einen für den Sommer und einen für die Regenzeit. In diesem war ich die vier Monate der Regenzeit hindurch nur von weiblichen Musikanten umgeben.

Während ich so in Reichtum und Pracht lebte, kam mir der Gedanke: «Wenn ein unkundiger Weltling, der doch selbst dem Altern, der Krankheit und dem Sterben ausgesetzt ist, einen Greis oder einen Kranken oder einen Toten erblickt, so empfindet er Unbehagen und Abscheu. Empfände auch ich, der ich doch auch dem Altern, der Krankheit und dem Sterben ausgesetzt bin, beim Anblick eines Greises, eines Kranken oder eines Toten Unbehagen und Abscheu, so wäre das nicht recht von mir.» Bei diesem Gedanken entschwand mir aller Jugenddünkel, aller Gesundheitsdünkel und aller Lebensdünkel.

A III, 38

DER GANG IN DIE HAUSLOSIGKEIT

Bevor ich zum höchsten Erwachen gelangt war, kam mir der Gedanke: «Das Leben in der Häuslichkeit ist voll Bedrängnis und Unreinheit; unter freiem Himmel lebt der Asket. Wer in der Häuslichkeit lebt, kann nicht leicht den höchsten, ganz reinen, vollkommenen Wandel der Heiligkeit führen. Soll ich mir nicht Haar und Bart scheren, gelbe Gewänder anlegen und aus der Häuslichkeit in die Heimatlosigkeit ziehen?»

Nach einiger Zeit zog ich, jung, kräftig, dunkelhaarig, in glücklicher Jugend, in der ersten Mannesblüte, gegen den Willen meiner weinenden und klagenden Eltern, mit geschorenem Haar und Bart, mit gelbem Gewand bekleidet, aus der Häuslichkeit in die Heimatlosigkeit.

M 36

YOGA-STUDIUM UND ASKESE

Als ich nun Asket geworden war, nach dem Heil strebte und den sicheren, zum Frieden führenden Weg suchte, ging ich zu Alara Kalama und wurde sein Schüler. Sehr bald lernte ich seine Lehre dem Wortlaut nach. Da kam mir der Gedanke, daß Alara Kalama nicht seine ganze Lehre vortrage und gewiß noch ein genaueres Wissen besitze, und ich fragte ihn nach dem letzten Ziel seiner Lehre. Darauf führte er mich ein in das Verständnis des Gebiets des Nichts (d. i. die 3. Stufe der abstrakten Versenkungen). Bald bestätigte er mir, daß ich seine Lehre vollständig verstanden hätte; er erklärte, ich sei ihm selbst an Wissen gleich, und erwies mir die hohe Ehre, daß er mir anbot, mit ihm zusammen die Schule zu leiten. Ich fand aber, daß seine Lehre nicht zum höchsten Ziel, zum Nirvana, führt, sondern nur zum Gebiet des Nichts, und unbefriedigt von ihr zog ich fort.

Weiter forschend begab ich mich nun zu

Uddaka, dem Sohne des Rama, und wurde sein Schüler. Auch seine Lehre lernte ich bald dem Wortlaut nach, dann ließ ich mich von ihm tiefer einweihen und gelangte zum Verständnis des Grenzgebiets von Wahrnehmung und Nichtwahrnehmung (d.i. die 4. Stufe der abstrakten Versenkungen). Uddaka war hochbeglückt über mein Verständnis seiner Lehre und wollte mir sogar die Leitung seiner Schule anvertrauen. Ich fand aber, daß auch diese Lehre nicht zum höchsten Ziel, zum Nirvana, führt, sondern nur zum Grenzgebiet von Wahrnehmung und Nichtwahrnehmung, und unbefriedigt von ihr zog ich fort.

Ich wanderte nun im Lande Mágadha von Ort zu Ort und kam in die Nähe des Dorfes Uruvela. Dort erblickte ich einen herrlichen Platz, einen ruhig heiteren Wald, einen klar dahinströmenden Fluß, der gute Badegelegenheit bot und ganz entzückend war, und in der Nähe das von Wiesen umgebene Dorf. Der Ort gefiel mir und schien mir geeignet zum Nachdenken für einen ehrbaren Mann, der die Erlösung sucht...

M 26

Ich preßte die Zähne aneinander, legte die Zunge an den Gaumen und unterdrückte das Denken, ich preßte es und zermarterte es. Dann hemmte ich das Ein- und Ausatmen durch Mund und Nase; in den Ohren aber erhob sich ein ungeheures Sausen durch die herausströmende Luft. Dann hemmte ich das Ein- und Ausatmen durch Mund, Nase und Ohren; dabei aber stieß die Luft mit ungeheurer Wucht gegen meinen Schädel, wie wenn mir ein starker Mann mit einem Schwert den Schädel anbohrte, und ich empfand heftige Kopfschmerzen. Gewaltige Schmerzen wühlten in meinem Bauch, und der ganze Körper schien mir zu brennen. Aber alle diese Qualen machten keinen bleibenden Eindruck auf mein Gemüt.

Da sagten einige Geister, als sie mich sahen, ich sei gestorben, andere meinten, ich läge gerade im Sterben, wieder andere glaubten, ich sei jetzt ein Heiliger geworden.

Nun erwog ich, ob ich mich nicht der Nahrung ganz enthalten sollte. Doch Geister kamen zu mir und erboten sich, mir durch die Poren der Haut himmlische Nahrung einzuflößen, um mich dadurch am Leben zu erhalten. Mir aber wäre dies als ein Betrug erschienen, und ich wies die Geister ab. Ich beschränkte mich nun darauf, sehr wenig Nahrung zu mir zu nehmen. Dadurch magerte mein Körper außerordentlich ab und meine Hautfarbe wurde ganz dunkel.

Da dachte ich: Dies ist das Äußerste an qualvoller Askese, das jemals Asketen oder Brahmanen erreicht haben oder jetzt erreichen oder in Zukunft erreichen werden. Und doch gelange ich mit dieser qualvollen Kasteiung nicht zu dem Bereich der vollen edlen Erkenntnis und Einsicht, die alles Menschliche übertrifft. Könnte es nicht doch einen anderen Weg zum Erwachen geben?

Ich erinnerte mich, daß ich einst, als mein Vater, der Sakjer, beschäftigt war, im kühlen Schatten eines Rosenapfelbaums saß und dort mich frei fühlte von Wünschen und Sorgen, frei von dem Verlangen nach Sinnesgenüssen und von unheilsamen Regungen, und die mit Nachdenken und Forschen verbundene, aus der Ablösung entstandene, von Freude und Wohlbehagen erfüllte erste

Stufe der Versenkung erreichte, und ich dachte: Dies könnte der Weg zum Erwachen sein. Zuerst scheute ich mich vor diesem Glück, das abseits von dem Verlangen nach Sinnesgenüssen und von unheilsamen Regungen liegt, aber ich überwand diese Scheu bald, und dann sagte ich mir: Dieses Glück ist nicht leicht zu erreichen für einen, dessen Körper allzu sehr abgemagert ist. Und ich nahm wieder reichlich Speise zu mir, Reisbrei und saure Reissuppe.
Damals lebten fünf Bhikkhus bei mir, die dachten: Wenn der Asket Gótama zur Wahrheit gelangt, wird er sie uns mitteilen. Als ich aber reichlich Speise zu mir nahm, wandten sie sich von mir ab und verließen mich, da sie glaubten, ich hätte das Ringen aufgegeben und mich einem Leben im Überfluß zugewandt.

M 36

DAS ERWACHEN

Nachdem ich nun wieder zu Kräften gekommen war, machte ich mich frei von dem Verlangen nach Sinnesgenüssen und von unheilsamen Regungen und gelangte zur ersten, dann zur zweiten, zur dritten und zur vierten Stufe der Versenkung.
Als mein Gemüt auf solche Weise beruhigt war, gereinigt, geläutert, frei von Begierde, sanft, fügsam, fest und unveränderlich, wandte ich mein Denken zu der Erinnerung und Erkenntnis meiner früheren Daseinsformen und ich erinnerte mich nacheinander an Hunderttausende meiner früheren Daseinsformen bis in frühere Weltperioden zurück. Dieses erste Wissen erlangte ich in der ersten Nachtwache...
Dann richtete ich mein Denken auf das Vergehen und Wiederentstehen der Wesen. Ich sah mit himmlischem, klarem, übermenschlichem Blick, wie die Wesen vergehen und wieder entstehen, ich erkannte die niedrigen Wesen und die hohen, die schö-

nen und die unschönen, die glücklichen und die elenden, wie es ihnen je nach ihren Taten ergeht: Die Wesen, die in Werken, Worten und Gedanken schlecht gelebt, die über die Edlen Böses geredet haben, die falsche Ansichten hatten und demgemäß handelten, diese sind nach dem Tode in Leid und Qual, in peinvollen Zustand, in die Hölle gekommen. Jene Wesen aber, die Gutes getan haben in Werken, Worten und Gedanken, die richtige Ansichten hatten und demgemäß handelten, sind nach dem Tode in glücklichen Zustand, in das Himmelreich gekommen. Dieses zweite Wissen erlangte ich in der mittleren Nachtwache...

Dann richtete ich mein Denken auf die Erkenntnis von der Vernichtung der weltlichen Einflüsse, und ich erkannte der Wahrheit gemäß, worin das Übel und die Einflüsse bestehen, was ihr Ursprung ist, wie sie beendet werden können und welches der Weg zu ihrem Ende ist.

Während ich dies erkannte, wurde mein Geist frei von den Einflüssen des sinnlichen Begehrens, frei von der Lebensgier und von der Unwissenheit, ich wurde mir bewußt, daß ich erlöst bin, und ich erkannte, daß für mich der Lauf der Wiedergeburten beendet ist, daß ich das Ziel des Reinheitswandels erreicht und getan habe, was zu tun war, und daß ich zur Welt nicht mehr zurückkehren werde. Dieses dritte Wissen erlangte ich in der letzten Nachtwache.

M 36

Vergebens mußte ich durch viele Leben
wandern;
Den Bauherrn suchte ich; ein Leiden kam
zum andern.
Jetzt, Bauherr, seh' ich dich! Das Bau'n
ist dir verwehrt,
Die Balken sind dahin, der Dachstuhl ist
zerstört.
Mein Denken ist jetzt frei, der Durst
hat aufgehört.

DHP 153, 154

DER ENTSCHLUSS ZUR VERKÜNDIGUNG

Nun dachte ich: Erkannt habe ich diese tiefe Wahrheit, die schwer einzusehen, schwer zu verstehen ist, die friedreiche, die erhabene, die alles Denken übersteigt, die geheimnisvolle, die allein der Weise fassen kann. In irdischem Treiben bewegt sich die Menschheit, an irdischem Treiben erfreut sie sich und findet sie ihre Lust. Ihr wird deshalb dies schwer verständlich sein, das Gesetz von Ursache und Wirkung, die Bedingtheit alles Entstehens; und auch dies wird ihr schwer verständlich sein, das Zurruhekommen aller Lebensvorgänge, das Ablassen von allem Irdischen, die Vernichtung des Durstes, das Aufhören des Verlangens, das Ende, das Nirvana. Wenn ich nun die Lehre verkündigte und man mich nicht verstände, hätte ich nur Mühe und Verdruß davon.

Und so neigte sich mein Geist dazu, in Ruhe zu verharren und die Lehre nicht zu verkündigen. Da erkannte Brahma Sahámpati meine Gedanken und sprach zu sich selbst: Zugrunde gehen, ach, wird die Welt, wenn sich der Geist des Vollendeten, des Heiligen, völlig Erwachten dazu neigt, in Ruhe zu verharren und die Lehre nicht zu verkündigen. Und er verschwand so schnell, wie ein starker Mann seinen gekrümmten Arm ausstreckt oder seinen ausgestreckten Arm krümmt, aus dem Brahmahimmel und erschien vor mir, entblößte seine eine Schulter vom Mantel, kniete nieder, erhob seine zusammengelegten Hände zu mir und sprach: Erhabener, Pfadvollender, verkündige die Lehre! Es gibt Wesen, die nur wenig von irdischem Trachten erfüllt sind; wenn sie die Lehre nicht hören, gehen sie zugrunde; sie werden die Lehre verstehen.

Als ich die Bitte Brahmas vernommen hatte, betrachtete ich, aus Mitleid mit den Wesen, mit dem Blick eines Erwachten die Welt und ich sah Wesen, die nur wenig von irdischem Trachten erfüllt sind, und andere, die mächtig davon erfüllt sind, scharfsinnige und stumpfsinnige, schöne und unschöne, verständige und törichte und solche, die in Scheu vor Übeltat und vor der anderen Welt leben; gleichwie in einem Lotosteich einige Lotosblumen in der Tiefe des Wassers leben, andere bis zum Wasserspiegel dringen und wieder andere aus dem Wasser emporragen und vom Wasser unbenetzt dastehen, und ich sprach zu Brahma Sahámpati diesen Versspruch:

Geöffnet sei das Tor der Ewigkeit,
Wer Ohren hat, vertraue meinem Worte!
Ich führte, um zu meiden Zank und Streit,
Noch nicht die Menschen zu der
  Wahrheit Pforte.

Da sah Brahma Sahámpati, daß ich ihm seine Bitte gewährte und die Lehre verkündigen würde, und er verneigte sich vor mir, umschritt mich ehrerbietig und verschwand.

M 26

DIE VIER EDLEN WAHRHEITEN

So hab' ich es gehört:
Einst weilte der Erhabene im Gazellenhain am Isipatana bei Benares. Dort sprach er zu den fünf Bhikkhus:
Wer nach dem Heil strebt, sollte folgende zwei Übertreibungen nicht verfolgen: Die eine ist die auf Glück erpichte Hingabe an die sinnlichen Begierden; sie ist niedrig, gemein, weltlich, unedel, zwecklos; die andere ist die Hingabe an Selbstquälerei; sie ist leidvoll, unedel, zwecklos. Diese beiden Übertreibungen hat der Vollendete vermieden, und er hat den mittleren Pfad vollständig verstanden, der sehend macht, der Erkenntnis verleiht, der zur Ruhe, zur höheren Weisheit, zum Erwachen, zum Nirvana führt.
Der mittlere Pfad ist dieser edle achtfache Weg: rechte Einsicht, rechte Gesinnung, rechtes Reden, rechtes Tun, rechte Lebensführung, rechter Kampf, rechte Andacht, rechte Geistessammlung.

Dies ist die edle Wahrheit vom Übel: Geburt ist übel, Altern ist übel, Krankheit ist übel, Sterben ist übel; Kummer, Jammer, Schmerz, Gram und Verzweiflung sind übel; mit Unliebem verbunden sein und von Liebem getrennt sein, ist übel; nicht erlangen, was man wünscht, ist übel; kurz, die fünf Gruppen des Ergreifens sind übel.
Dies ist die edle Wahrheit vom Ursprung des Übels: Es ist der Durst, der Wiedergeburt erzeugt, von Wohlgefallen und Lust begleitet ist und bald hier, bald dort sich ergötzt, nämlich der Durst nach sinnlicher Lust, der Durst nach Leben, der Durst nach Selbstabtötung.
Dies ist die edle Wahrheit vom Ende des Übels: Es ist dieses Durstes völliges Aufgeben, Vernichten, Verwerfen, Ablegen, Vertreiben.
Dies ist die edle Wahrheit von dem zum Ende des Übels führenden Pfade: Es ist der edle achtfache Weg, nämlich: rechte Einsicht, rechte Gesinnung, rechtes Reden, rechtes Tun, rechte Lebensführung, rechter Kampf, rechte Andacht, rechte Geistessammlung.

Diese Lehren gehören nicht zu den überlieferten, sondern ich bin es, der zuerst vollkommen klar erkannt hat, worin das Übel besteht und wie notwendig es ist, das Wesen des Übels zu erkennen, und ich bin mir klar bewußt, daß ich es richtig erkannt habe. Ebenso habe ich den Ursprung des Übels, das Ende des Übels und den zum Ende des Übels führenden Pfad als erster vollkommen klar erkannt.

Solange ich nicht die wahrheitsgemäße, anschauliche Erkenntnis dieser vier edlen Wahrheiten ganz rein gewonnen hatte, solange war ich mir auch nicht klar darüber, ob ich in aller Welt das höchste, vollkommene Erwachen erlangt hätte. Da ich aber diese Erkenntnis nun gewonnen habe, bin ich mir auch klar darüber, daß ich in aller Welt das höchste, vollkommene Erwachen erlangt habe.

Und mir ist die anschauliche Erkenntnis aufgegangen: Die Erlösung meines Gemüts ist unerschütterlich, dies ist mein letztes Leben, es gibt für mich keine Wiedergeburt mehr.

So sprach der Erhabene. Mit Freude und

Wohlgefallen nahmen die fünf Bhikkhus seine Rede auf. Und während dieser Rede ging einem der Bhikkhus, dem ehrwürdigen Kondannja, das von Leidenschaft und Unreinheit freie Verständnis der Lehre auf, und er sah ein, daß alles, was entsteht, wieder vergehen muß.

S LVI, 11

DAS WAHRE FEUER

Mit den tausend Bhikkhus, die vormals Flechtenträger und Priester des Feuergottes Agni gewesen waren, wanderte der Erhabene nach dem Gajasisa-Berg bei Gaja. Dort nahm er Aufenthalt und sprach zu den Bhikkhus:

Alles brennt, und dies ist so zu verstehen: Das Auge brennt und die sichtbaren Dinge brennen, das Sehbewußtsein, die Sehberührung und das durch die Sehberührung bedingte Gefühl, sei es ein Lustgefühl oder ein Unlustgefühl oder ein gleichgültiges Gefühl, auch dieses brennt. Es brennt durch das Feuer der Begierde, durch das Feuer des Hasses, durch das Feuer der Verblendung; es brennt durch Geburt, Altern und Sterben, durch Kummer, Jammer und Schmerz, durch Gram und Verzweiflung.

Ebenso brennen die anderen Sinne.

Wenn ein wissender edler Jünger dies durchschaut, wendet er sich ab von dem, was die Sinne bieten, gibt er das Verlangen nach den Genüssen der Sinne auf, macht er sich frei davon, und wenn er frei geworden ist, gelangt er zu der Erkenntnis: «Ich bin erlöst!» und er weiß: «Der Lauf der Wiedergeburten ist für mich beendet, das Ziel des heiligen Wandels ist erreicht, getan ist, was zu tun war, für mich gibt es keine Wiederkehr zur Welt.»

M I, 21; SXXXV, 28

BESONNENHEIT UND WISSENSKLARHEIT

Besonnen und wissensklar soll ein Bhikkhu sein. Besonnen ist er, wenn er eifrig und mit klarem Geist, ohne Wünsche und Sorgen, nachsinnt über den Körper, über die Gefühle, über die Gedanken und über die Gegenstände der Lehre. Wissensklar soll man bei jeder Handlung sein, wissensklar, wenn man fortgeht oder zurückkommt, wissensklar, wenn man hinblickt oder wegblickt, wissensklar, wenn man ein Glied beugt oder streckt, wissensklar, wenn man sein Untergewand und seinen Mantel anlegt und seine Schale trägt, wissensklar, wenn man ißt, trinkt, kaut oder kostet, wenn man seine Notdurft verrichtet, wenn man geht, steht oder sitzt, wissensklar, wenn man einschläft oder aufwacht, wissensklar, wenn man spricht oder schweigt.

D 48

NICHT GLAUBEN! SELBST URTEILEN!

Richtet euch nicht nach Hörensagen, nicht nach einer Überlieferung, nicht nach einer bloßen Behauptung, nicht nach dem Wort heiliger Schriften, nicht nach bloßen Vernunftgründen und logischen Deduktionen, nicht nach äußeren Erwägungen, nicht nach der Übereinstimmung mit euren Ansichten und Grübeleien, nicht nach dem Scheine der Wirklichkeit, denket nicht: ‹Der Asket ist unser Lehrer (darum wollen wir ihm glauben)›: sondern wenn ihr, Kalamer, selbst erkennt, daß diese oder jene Dinge schlecht und verwerflich sind, von Verständigen getadelt und, ausgeführt oder begonnen, zum Unheil und Leiden führen, so sollt ihr sie verwerfen.

A III, 65

DER RECHTE WANDEL

Dreifach ist der ordentliche, rechte Wandel in Werken, vierfach in Worten, dreifach in Gedanken.

Dies ist der dreifache rechte Wandel in Werken:
Man zerstört kein Leben, man hat Stock und Schwert beiseite gelegt und lebt zartfühlend, erbarmungsreich, freundlich und gütig gegenüber allen lebenden Wesen.
Man nimmt nicht, was einem nicht gegeben ward. Was einem andern im Dorf und im Wald gehört, danach trachtet man nicht in diebischer Absicht und nimmt es nicht ungegeben.
Man meidet schlechten Wandel in sinnlichen Lüsten. Mit Mädchen, die unter dem Schutze der Eltern, ihrer Geschwister oder anderer Verwandten stehen, mit verheirateten Frauen, mit Dienerinnen und auch mit geschmückten Dirnen pflegt man keinen Geschlechtsverkehr.

Dies ist der vierfache rechte Wandel in Worten:

Man meidet die Lüge. Vor Gericht oder in einer Gesellschaft oder unter Verwandten oder in einer Versammlung oder als Zeuge vor Behörden antwortet man auf Fragen, wenn man es nicht weiß: «Ich weiß es nicht», oder wenn man es weiß: «Ich weiß es», oder wenn man es nicht gesehen hat: «Ich habe es nicht gesehen», oder wenn man es gesehen hat: «Ich habe es gesehen.» So spricht man bewußt keine Lüge, sei es um seiner selbst willen, sei es um eines andern willen, sei es um irgend eines nichtigen Vorteils willen.

Man meidet üble Nachrede. Was man hier gehört hat, erzählt man dort nicht weiter, um diese zu entzweien; was man dort gehört hat, erzählt man hier nicht weiter, um jene zu entzweien. Vielmehr einigt man die Entzweiten, festigt die Verbundenen, spricht Eintracht fördernde Worte.

Man meidet rohe Rede. Man spricht nur untadelhafte Worte, die dem Ohre wohltun, liebenswürdige, zu Herzen gehende, gesittete, die jedermann erfreuen.

Man meidet unnützes Plappern. Man spricht zur rechten Zeit, den Tatsachen gemäß, dem Zweck entsprechend, spricht über die Lehre und über die Satzung. Die Worte, die man spricht, sind wert, behalten zu werden, sie sind, wo es darauf ankommt, bilderreich, fein unterscheidend, sinngemäß.

Dies ist der dreifache rechte Wandel in Gedanken:
Man begehrt nicht, was ein andrer an Besitz und Eigentum hat.
Man ist frei von Übelwollen, sinnt im Herzen nichts Böses, sondern denkt: Mögen sich diese Wesen freihalten von Haß und Übelwollen, mögen sie leidlos und glücklich leben!
Man hat rechte Einsicht, indem man einsieht, daß es richtig ist zu schenken, zu spenden und zu opfern, daß gute und böse Taten Frucht tragen und Vergeltung finden, daß es außer dieser noch eine andere Welt gibt, daß Mutter und Vater zu achten sind, daß geistige Wesen existieren und daß es in der Welt vollkommen recht lebende Weise

gibt, die diese und jene Welt auf Grund eigenen Wissens erklären können.
Infolge rechten Wandels gelangen manche Wesen nach dem Tode in das Himmelreich.

M 41

TUGENDEN UND LASTER

Nichts kenne ich, was in dem Maße Schlechtes erzeugt und Gutes zum Schwinden bringt, wie Leichtsinn. Wer leichtsinnig ist, in dem entsteht Schlechtes und das Gute schwindet. Nichts kenne ich, was in dem Maße Gutes erzeugt und Schlechtes zum Schwinden bringt, wie Gewissenhaftigkeit. Wer gewissenhaft ist, in dem entsteht Gutes und das Schlechte schwindet. Nichts kenne ich, was in dem Maße Schlechtes erzeugt und Gutes zum Schwinden bringt, wie Trägheit, Unmäßigkeit, Unzufriedenheit, unweises Grübeln, Verworrenheit, Freundschaft mit Bösen, Neigung zum Bösen und Abneigung gegen das Gute. Nichts kenne ich, was in dem Maße Gutes erzeugt und Schlechtes zum Schwinden bringt, wie Tatkraft, Genügsamkeit, Zufriedenheit, weises Erwägen, klares Bewußtsein, edle Freundschaft, Neigung zum Guten und Abneigung gegen das Böse.

A I, 13

DIE HERZERLÖSENDE GÜTE

So sprach der Erhabene, der Heilige; so hab' ich es gehört:

Alles, meine Bhikkhus, was wir hier tun können, um unser künftiges Los zu bessern, verschwindet an Wert neben der Güte, der herzerlösenden. Die herzerlösende Güte nimmt alles andere in sich auf und leuchtet und glänzt und strahlt, gleichwie aller Sternenschein verschwindet neben dem Schein des Mondes, der jenen in sich aufnimmt und leuchtet und glänzt und strahlt.

Wie im letzten Monat der Regenzeit, im Herbst, die Sonne am reinen, wolkenlosen Himmel, wenn sie emporsteigt, alles den Luftraum erfüllende Dunkel verscheucht und leuchtet und glänzt und strahlt, ebenso verschwindet alles, was wir hier tun können, um unser künftiges Los zu bessern, an Wert neben der herzerlösenden Güte.

Wie des Nachts, zur Zeit der ersten Dämmerung, der Morgenstern leuchtet und glänzt und strahlt, so verschwindet alles, was wir hier tun können, um unser künftiges Los zu bessern, an Wert neben der herzerlösenden Güte. Die herzerlösende Güte nimmt alles andere in sich auf und leuchtet und glänzt und strahlt.

IT 27

DIE MOTIVE DER TATEN

Drei Motive gibt es, aus denen Taten entstehen: Begierde, Haß und Verblendung. Eine Tat, die aus Begierde, aus Haß oder aus Verblendung entsprungen ist, wird zur Reife gelangen, wo der Täter auch immer sein mag, und wo sie reift, dort wird ihm die Frucht jener Tat zuteil, sei es in diesem oder in einem andern Leben; gleichwie unversehrte, unverdorbene, nicht durch Wind oder Sonnenglut beschädigte, gesunde Samenkörner, auf fruchtbaren, wohl bearbeiteten Acker gesät, bei rechtzeitigem Regen aufgehen, wachsen und sich entfalten.

Drei andere Motive gibt es, aus denen Taten entstehen: Genügsamkeit, Versöhnlichkeit und Geistesklarheit. Eine Tat, die aus Genügsamkeit, aus Versöhnlichkeit oder aus Geistesklarheit entsprungen ist, diese ist, da ja Begierde, Haß und Verblendung geschwunden sind, entwurzelt, gleich einer Fächerpalme, dem Boden entrissen, vernichtet und nicht mehr fähig, wieder ins Dasein zu treten; gleichwie Samenkörner, die zu Asche verbrannt und in alle Winde zerstreut oder von reißender Flußströmung fortgespült sind, von Grund aus zerstört, gleich einer Fächerpalme dem Boden entrissen und nicht mehr fähig sind, wieder ins Dasein zu treten.

A III, 33

DER ACHTFACHE WEG

In Sawatthi sprach der Erhabene:
Meine Bhikkhus, ich will euch den edlen achtfachen Weg zeigen und im einzelnen darlegen. Höret wohl zu und merkt es euch:

Dies ist der edle achtfache Weg: rechte Einsicht, rechte Gesinnung, rechtes Reden, rechtes Tun, rechte Lebensführung, rechter Kampf, rechte Andacht, rechte Geistessammlung.

Rechte Einsicht bedeutet: die vier edlen Wahrheiten verstehen: das Übel, den Ursprung des Übels, das Ende des Übels und den zum Ende des Übels führenden Pfad.

Rechte Gesinnung bedeutet: der Welt (innerlich) entsagen, kein Übelwollen hegen, kein Leid verursachen wollen.

Rechtes Reden bedeutet: nicht lügen, keine üble Nachrede führen, keine rohen Worte gebrauchen und nicht unnütz schwatzen.

Rechtes Tun bedeutet: kein Leben zerstören, nichts nehmen, was nicht (freiwillig)

gegeben wird, keinen unkeuschen Lebenswandel führen.
Rechte Lebensführung bedeutet: falsche Lebensführung meiden. Falsche Lebensführung ist Unaufrichtigkeit, Verrat, Verdächtigung, Aushorchen, Wucher; ferner Handel mit Waffen, mit lebenden Wesen, mit Fleisch, mit berauschenden Getränken und mit Gift.
Rechter Kampf bedeutet: mit aller Kraft ringen und seinen Geist antreiben, um in sich den Willen zu erzeugen, keine bösen, unheilsamen Gedanken aufkommen zu lassen, vorhandene böse, unheilsame Gedanken zu vertreiben, rechte Gedanken zu erwecken und, wenn sie da sind, festzuhalten.
Rechte Andacht bedeutet: eifrig, mit klarem Geist, besonnen, alle Wünsche und Sorgen vergessend, über den Körper, über die Gefühle, über die Gedanken und über die Gegenstände der Lehre nachsinnen.
Rechte Geistessammlung bedeutet: die erste, die zweite, die dritte und die vierte Stufe der Versenkung üben.

S XLV, 8

DIE GEISTESSAMMLUNG

Ausgerüstet mit diesen Eigenschaften eines Edlen: dem Schatz der Sittlichkeit, der Beherrschung der Sinne, der Besonnenheit und Wissensklarheit und der Zufriedenheit, zieht sich ein Bhikkhu auf einen einsamen Aufenthaltsplatz zurück, in eine menschenleere Gegend, unter einen Baum, auf einen Berg, in eine Schlucht, in eine Felshöhle, auf einen Totenacker, in eine bewaldete Hochebene, unter freien Himmel oder auf einen Strohhaufen. Dort setzt er sich, wenn er vom Speisesammeln zurückgekehrt ist, nach der Mahlzeit mit gekreuzten Beinen nieder, den Körper gerade aufgerichtet, und übt sich mit ernster Miene in besonnenem Denken. Er legt weltliches Begehren ab, bleibt frei davon und läutert seinen Geist von weltlichem Begehren.

Er legt Übelwollen und Schadenfreude ab und bleibt frei davon; nur bedacht auf aller Wesen Wohlsein, läutert er seinen Geist von Übelwollen und Schadenfreude.

Er legt Trägheit und Schlaffheit ab und bleibt frei davon, klaren Geistes, besonnen und wissensklar läutert er seinen Geist von Trägheit und Schlaffheit.
Er legt ruheloses Grübeln ab und bleibt frei davon; innerlich voller Gemütsruhe läutert er seinen Geist von ruhelosem Grübeln.
Er legt Zweifelsucht ab und bleibt frei davon; ohne noch fragen zu müssen, was gut und böse sei, läutert er seinen Geist von Zweifelsucht.

D II, 67, 68

DIE STUFEN DER VERSENKUNG

Der Bhikkhu löst sich ab von dem Verlangen nach Sinnesgenüssen und von unheilsamen Regungen und erreicht die mit Nachdenken und Überlegen verbundene, aus der Ablösung entstandene, von Freude und Wohlbehagen erfüllte erste Stufe der Versenkung und bleibt darin.
Dann bringt er das Nachdenken und Überlegen zur Ruhe, in seinem Innern wird es still, sein Geist ist auf einen einzigen Gegenstand gerichtet, und so erreicht er die aus der Geistessammlung entstandene, von Nachdenken und Überlegen freie, von Freude und Wohlbehagen erfüllte zweite Stufe der Versenkung und bleibt darin.
Wenn dann die freudige Erregung abgeklungen ist, bleibt er gleichmütig, andächtig und wissensklar und empfindet körperlich ein Wohlbehagen, von dem die Edlen sagen: Bei Gleichmut und Andacht fühlt man sich beglückt. So erreicht er die dritte Stufe der Versenkung und bleibt darin.

Dann geht er über Wohlbehagen und Mißbehagen hinweg, auch die Erinnerung an frühere frohe und trübe Stimmungen schwindet dahin, und er erreicht die über Wohlbehagen und Mißbehagen erhabene vierte Stufe der Versenkung, bei der Gleichmut und Andacht in höchster Reinheit bestehen, und bleibt darin.

M 26

MÜSSIGE FRAGEN

So hab' ich es gehört:
Als der Erhabene einst in Anathapindikas Bhikkhuheim im Dschetahain bei Sawatthi weilte, trat der ehrwürdige Malunkjaputta zu ihm und sprach:
«Herr, als ich hier meditierte, kam mir der Gedanke: Über Ewigkeit und Vergänglichkeit, Endlichkeit und Unendlichkeit der Welt, über das Verhältnis von Seele und Leib und über das Schicksal eines Vollendeten nach dem Tode hat der Erhabene nichts erklärt. Das gefällt mir nicht. Ich will ihn deshalb darüber befragen, und wenn er mir Auskunft gibt, bleibe ich bei ihm, sonst kehre ich zum Weltleben zurück. Wenn er diese Fragen zu beantworten weiß, möge er seine Antwort sagen, wenn nicht, möge er eingestehen, daß er nichts darüber weiß.»
«Malunkjaputta, habe ich dir etwa versprochen, diese Fragen zu beantworten?»
«Das allerdings nicht, Herr!»

«Oder hast du mir dies als Bedingung gestellt, als du zu mir kamst?»

«Das auch nicht, Herr!»

«Über wen beklagst du dich also, du Tor? Wer mit dem Reinheitswandel warten wollte, bis ihm über alle jene Fragen Auskunft gegeben wäre, der würde vorher sterben, genau so wie ein Mann, der durch einen vergifteten Pfeil getroffen wurde und, als seine Freunde und Verwandten einen erfahrenen Arzt herbeiriefen, sprach: Ich lasse mir den Pfeil nicht eher herausziehen, als ich weiß, ob der Schütze, der mich getroffen hat, ein Brahmane oder ein Adliger oder ein Bürger oder ein Knecht ist, nicht eher, als ich weiß, welcher Familie er angehört, ob er groß, klein oder mittelgroß ist, ob er schwarze oder braune oder helle Hautfarbe hat, in welchem Dorf oder in welcher Stadt er wohnt, nicht eher, als ich weiß, welcherart der Bogen, die Sehne, der Schaft, die Federn und die Spitze des Pfeils sind, durch den ich getroffen wurde. Dieser Mann würde sterben, bevor er dies alles erfahren hätte.

Auf die Ansicht, daß die Welt ewig sei, läßt

sich ein Reinheitswandel nicht gründen, auch nicht auf die gegenteilige Ansicht, ebensowenig auf die anderen von dir genannten Ansichten. Mag das eine oder das andere auch zutreffen, auf jeden Fall gibt es Geburt, Altern und Sterben, Kummer, Jammer, Schmerz, Gram und Verzweiflung in der Welt, und ich lehre, wie man deren Ende noch in diesem Leben erreichen kann.

Darum nehmet das, was ich nicht erklärt habe, als nicht erklärt hin und haltet euch an das, was ich erklärt habe. Jenes habe ich nicht erklärt, weil es nicht zweckdienlich ist, weil es nicht einen vollkommenen Reinheitswandel begründet, weil es nicht zur Entsagung, nicht zur Leidenschaftslosigkeit, nicht zum Ende (des Übels), nicht zur Beruhigung, nicht zu höherer Weisheit, nicht zum Erwachen, nicht zum Nirvana führt.

Erklärt aber habe ich, was Übel ist, wie es entsteht, wie es beendet wird und auf welchem Wege man das Ende des Übels erreicht, und zwar deshalb, weil dies zweckdienlich ist, weil es einen vollkommenen

Reinheitswandel begründet, weil es zur Entsagung, zur Leidenschaftslosigkeit, zum Ende, zur Beruhigung, zu höherer Weisheit, zum Erwachen, zum Nirvana führt.»

M 63

DIE BEDINGTHEIT ALLES ENTSTEHENS

So hab' ich es gehört:
Als der Erhabene eben voll erwacht war, saß er unter dem Bodhibaum, dem Baum des Erwachens, bei Uruwela am Ufer des Flusses Nerándschara und genoß sieben Tage lang die Seligkeit der Erlösung. Nach Ablauf dieser sieben Tage erhob er sich aus seiner Meditation und betrachtete während der drei Teile der Nacht die Bedingtheit alles Entstehens, zuerst vorwärts, dann rückwärts und schließlich in beiden Richtungen, und zwar so:
Wenn dieses ist, ist jenes; wenn dieses entsteht, entsteht jenes; wenn dieses nicht ist, ist jenes nicht; wenn dieses verschwindet, verschwindet jenes. Das will sagen:
Nur wenn Unwissenheit da ist, können Sankhara entstehen. (Sankhara sind die Vorgänge im Unterbewußtsein, durch welche die Vorstellungen von der Außenwelt gebildet werden, bevor sie im Bewußtsein erscheinen.)

Nur wenn Sankhara da sind, kann Bewußtsein entstehen.
Nur wenn Bewußtsein da ist, kann es einen lebendigen Organismus geben.
Nur wenn ein lebendiger Organismus da ist, kann es sechsfache Sinnes-Empfänglichkeit geben.
Nur wenn Sinnes-Empfänglichkeit da ist, können Sinnes-Eindrücke entstehen.
Nur wenn Sinnes-Eindrücke da sind, kann Empfindung entstehen.
Nur wenn Empfindung da ist, kann Durst oder Lebenstrieb entstehen.
Nur wenn Durst da ist, kann Ergreifen und Anhaften entstehen.
Nur wenn Ergreifen und Anhaften da ist, kann Leben entstehen.
Nur wenn Leben da ist, kann Geburt stattfinden.
Nur wenn Geburt stattgefunden hat, kommt es zu Altern und Sterben, Kummer, Jammer, Schmerz, Gram und Verzweiflung.
So kommt diese ganze Masse des Übels zustande.
Wenn aber Unwissenheit restlos vernichtet wird, gibt es keine Sankhara.

Wenn Sankhara restlos vernichtet sind, gibt es kein Bewußtsein.
Wenn Bewußtsein restlos vernichtet ist, gibt es keinen lebendigen Organismus.
Wenn der lebendige Organismus restlos vernichtet ist, gibt es keine Sinnes-Empfänglichkeit.
Wenn Sinnes-Empfänglichkeit restlos vernichtet ist, gibt es keinen Sinnes-Eindruck.
Wenn kein Sinnes-Eindruck da ist, gibt es keine Empfindung.
Wenn keine Empfindung da ist, gibt es keinen Durst.
Wenn kein Durst da ist, gibt es kein Ergreifen und Anhaften.
Wenn kein Ergreifen und Anhaften da ist, gibt es kein Leben.
Wenn kein Leben da ist, gibt es keine Geburt.
Wenn keine Geburt stattgefunden hat, gibt es kein Altern und Sterben, keinen Kummer, Jammer, Schmerz, Gram und keine Verzweiflung.
So verschwindet diese ganze Masse des Übels.

UD I, 3

DIE WELT ALS VORSTELLUNG

Der Erhabene hatte von der «Mannigfaltigkeit der Welt-Wahrnehmung» gesprochen und sich dann zurückgezogen. Die Bhikkhus baten darauf den ehrwürdigen Mahakatschâna, ihnen diesen Ausdruck zu erklären, und Mahakatschâna sprach:

Wenn ein Auge da ist und sichtbare Dinge da sind, entsteht Sehbewußtsein; wenn diese drei – Auge, sichtbare Dinge und Sehbewußtsein – zusammentreffen, gibt es Berührung. Wenn Berührung da ist, gibt es Empfindung. Was man empfindet, das nimmt man wahr; was man wahrnimmt, davon bildet man Begriffe; wovon man Begriffe bildet, das breitet man aus als Außenwelt; was man ausbreitet als Außenwelt, das tritt demgemäß an den Menschen heran als Mannigfaltigkeit der Welt-Wahrnehmung, soweit Seh-Bewußtsein und sichtbare Dinge in Betracht kommen.

Wenn ein Ohr, eine Nase, eine Zunge, ein Leib als Tastorgan, ein Denkorgan da ist und Töne, Düfte, Säfte, tastbare Dinge, Vorstellungen da sind, entsteht Hör-, Riech-, Schmeck-, Tast-, Denk-Bewußtsein. Wenn diese drei – Sinnesorgan, Gegenstand und Sinnesbewußtsein – zusammentreffen, gibt es Berührung. Wenn Berührung da ist, gibt es Empfindung. Was man empfindet, das nimmt man wahr; was man wahrnimmt, davon bildet man Begriffe; wovon man Begriffe bildet, das breitet man aus als Außenwelt; was man ausbreitet als Außenwelt, das tritt demgemäß an den Menschen heran als Mannigfaltigkeit der Welt-Wahrnehmung, soweit Hör-, Riech-, Schmeck-, Tast-, Denk-Bewußtsein und die entsprechenden Gegenstände in Betracht kommen...

Die Bhikkhus berichteten dem Erhabenen, was ihnen Mahakatschâna vorgetragen hatte, und der Erhabene sprach:

«Ein Wissender ist Mahakatschâna, er ist hochweise. Wenn ihr mich gefragt hättet, so würde ich euch die Sache genau ebenso erklärt haben, wie Mahakatschâna sie erklärt hat.»

M 18

Ein Bhikkhu fragte den Erhabenen:
Von wem wird die Welt gelenkt, woran ist die Welt gebunden, wessen Macht ist die Welt unterworfen?
Der Erhabene antwortete:
Vom Bewußtsein wird die Welt gelenkt, an das Bewußtsein ist die Welt gebunden, der Macht des Bewußtseins ist die Welt unterworfen.

A IV, 186

Der Erhabene sprach:
Ohne das Ende der Welt erreicht zu haben, ist es nicht möglich, sage ich, dem Leiden ein Ende zu machen. Ich verkünde aber, daß in diesem klaftergroßen Leib mit seinem Wahrnehmen und Denken die Welt liegt und die Entstehung der Welt und das Ende der Welt und der Pfad, der zum Ende der Welt führt.

A IV, 45

DER GEIST UND DIE DINGE

Den Dingen geht der Geist voran; der
Geist entscheidet:
Kommt aus getrübtem Geist dein Wort
und dein Betragen,
So folgt dir Unheil, wie dem Zugtier
folgt der Wagen.
Den Dingen geht der Geist voran; der
Geist entscheidet:
Entspringen reinem Geist dein Wort und
deine Taten,
So folgt das Glück dir nach, unfehlbar
wie dein Schatten.

DHP 1 u. 2

DIE DREI MERKMALE

Ob Vollendete in der Welt erscheinen oder nicht, eines steht fest als notwendige Bedingung des Daseins: daß alle Gebilde unbeständig, unbefriedigend und nicht das Ich sind. Dies erkennt und durchschaut ein Vollendeter, und hat er es erkannt und durchschaut, so lehrt er es, zeigt es, macht es klar, verkündet es, enthüllt es, erklärt es im einzelnen und macht es offenbar.

A III, 134

KEIN DING BLEIBT IMMER GLEICH

Kein Ding bleibt immer gleich.
  Wer das verstanden hat,
Kehrt sich vom Leiden ab.
  Dies ist der Reinheitspfad.
Kein Ding befriedigt ganz.
  Wer das verstanden hat,
Kehrt sich vom Leiden ab.
  Dies ist der Reinheitspfad.
Kein Ding ist hier mein Ich.
  Wer das verstanden hat,
Kehrt sich vom Leiden ab.
  Dies ist der Reinheitspfad.

DHP 277–279

DER GEIST IST NICHT DAS ICH

Bei Sawatthi sprach der Erhabene:
Meine Bhikkhus, auch ein unwissender Weltling mag dieses materiellen Körpers überdrüssig werden und kann sich von der Anhänglichkeit an ihn frei machen. Denn bei diesem materiellen Körper ist das Wachsen und Vergehen offenkundig, und man sieht leicht ein, wie er aufgenommen und abgelegt wird.

Dagegen ist ein unwissender Weltling nicht imstande, dessen überdrüssig zu werden, was man Denken oder Geist oder Bewußtsein nennt, und er kann sich von der Anhänglichkeit daran nicht frei machen. Denn seit langen Zeiten hat ein unwissender Weltling die Vorstellung gehegt und gepflegt, daß dies sein eigen sei, daß er selbst dies sei, daß dies sein Ich sei.

Es wäre aber besser, ein unwissender Weltling betrachtete den materiellen Körper als sein Ich, als daß er seinen Geist als sein Ich betrachtet. Denn der materielle Körper besteht offenkundig immerhin eine Reihe von Jahren, unter Umständen hundert Jahre oder länger; aber das, was man Denken oder Geist oder Bewußtsein nennt, entsteht Tag und Nacht als dieses und vergeht als ein anderes.

Darum vergegenwärtigt sich ein wohlunterrichteter edler Jünger gut und gründlich die Lehre von der Bedingtheit alles Entstehens nach der Formel: wenn dieses ist, ist jenes, wenn dieses entsteht, entsteht jenes, wenn dieses nicht ist, ist jenes nicht, wenn dieses aufhört, hört jenes auf. So nämlich:

Ein Lustgefühl entsteht, wenn eine lusterzeugende Berührung stattfindet. Hört die Berührung auf, so hört auch das durch sie bedingte Lustgefühl auf. Ein Unlustgefühl entsteht, wenn eine unlusterzeugende Berührung stattfindet. Hört die Berührung auf, so hört auch das durch sie bedingte Unlustgefühl auf. Ein gleichgültiges Gefühl entsteht, wenn eine ein solches Gefühl erzeugende Berührung stattfindet. Hört die Berührung auf, so hört auch das durch sie bedingte gleichgültige Gefühl auf. Es ist geradeso, wie durch das Reiben zweier Holzstücke Wärme entsteht und Feuer erscheint; wenn aber die beiden Holzstücke voneinander getrennt werden, hört jene Wärme auf und gelangt zur Ruhe.

S XII, 62

WEDER SEIN NOCH NICHTSEIN

Zwei Dingen ist diese Welt im allgemeinen ergeben: dem Sein und dem Nichtsein. Für den aber, der in der Welt das Entstehen, der Wahrheit gemäß, in rechter Weisheit betrachtet, gibt es kein Nichtsein in der Welt, und für den, der in der Welt das Vergehen, der Wahrheit gemäß, in rechter Weisheit betrachtet, gibt es kein Sein in der Welt. Diese Welt ist alles in allem nur eine Kette von Begehren, Ergreifen, Haften. Darum ergibt sich, wer dies erkennt, nicht dem Begehren und Haften, der Neigung des Geistes zum Zugreifen und Festhalten, er haftet nicht an der Welt und hält nicht an ihr fest, denn er weiß, daß ein Ich bei ihm nicht zu finden ist. Daß alles, was entsteht, und alles, was vergeht, unbefriedigend ist, bezweifelt er in keiner Weise. Zu dieser Erkenntnis gelangt er ohne fremde Hilfe. Dann hat er rechte Einsicht.

Zu sagen, daß alles ist, ist die eine Übertreibung; zu sagen, daß alles nicht ist, ist die andere Übertreibung. Diese beiden Übertreibungen vermeidet ein Vollendeter und verkündet die mittlere Lehre: Wenn Unwissenheit da ist, gibt es Sankhara; wenn Sankhara da sind, gibt es Bewußtsein, usw. So entsteht diese ganze Masse des Leidens. Wenn aber die Unwissenheit restlos und spurlos beseitigt ist, so gibt es keine Sankhara; wenn keine Sankhara da sind, gibt es kein Bewußtsein, usw. So vergeht diese ganze Masse des Leidens.

S XXII, 90

IST EIN VOLLENDETER NACH DEM TODE?

Im Gazellenhain am Isipátana bei Benares ging eines Abends Sariputta, nachdem er sich aus seiner Meditation erhoben hatte, zu Mahakássapa, setzte sich zu ihm und sprach:

«Lieber Kássapa, wie steht es damit: ist ein Vollendeter nach dem Tode?» – «Darüber hat der Erhabene nichts gesagt.» – «Ist ein Vollendeter nach dem Tode nicht mehr?» – «Auch darüber hat der Erhabene nichts gesagt.» – «Oder trifft beides zugleich zu, daß ein Vollendeter nach dem Tode ist und auch nicht mehr ist?» – «Auch darüber hat der Erhabene nichts gesagt.» – «Oder trifft keines von beiden zu, weder daß er nach dem Tode ist, noch daß er nach dem Tode nicht mehr ist?» – «Auch darüber hat der Erhabene nichts gesagt.» – «Warum hat er wohl darüber nichts gesagt?» – «Weil das nicht zweckdienlich ist, weil es nicht einen Reinheitswandel begründet, weil es nicht zur Entsagung, zur Befreiung von Leidenschaften, nicht zum Aufhören (des Durstes), nicht zur Beruhigung, nicht zu höherer Weisheit, nicht zum Erwachen, nicht zum Nirvana führt.» – «Was aber hat der Erhabene gelehrt?» – «Gelehrt hat er die Wahrheit vom Übel, vom Ursprung des Übels, vom Ende des Übels und von dem Weg, der zum Ende des Übels führt. Denn dies ist zweckdienlich, es führt zur Entsagung, zur Befreiung von Leidenschaften, zum Aufhören des Durstes, zur Beruhigung, zu höherer Weisheit, zum Erwachen, zum Nirvana.»

S XVI, 12

DAS NIRVANA

Einst weilte der ehrwürdige Sariputta in Nâlakagâmaka im Lande Mágadha. Da kam der Wanderasket Dschambukhâdaka zu ihm, setzte sich und sprach:
«Lieber Sariputta, man spricht so viel vom Nirvana; was ist das eigentlich?»
«Der Zustand, in dem man sich befindet, wenn Begierde, Haß und Verblendung verschwunden sind, heißt Nirvana.»
«Gibt es einen Weg oder Pfad, auf dem man zu diesem Nirvana gelangen kann?»
«Ja, den gibt es.»
«Und worin besteht er?»
«Es ist dieser edle achtfache Weg, der da besteht in rechter Einsicht, rechter Gesinnung, rechtem Reden, rechtem Tun, rechter Lebensführung, rechtem Kampf, rechter Andacht und rechter Geistessammlung.»

S XXXVIII, 1

DAS NICHTGEBORENE

Es gibt, meine Bhikkhus, ein Nichtgeborenes, Nichtgewordenes, Nichtgeschaffenes, Nichtaufgebautes. Wenn es dieses Nichtgeborene, Nichtgewordene, Nichtgeschaffene, Nichtaufgebaute nicht gäbe, dann wäre ein Ausweg aus dem Geborenen, Gewordenen, Geschaffenen, Aufgebauten nicht zu erkennen. Da es aber das Nichtgeborene, Nichtgewordene, Nichtgeschaffene, Nichtaufgebaute gibt, darum ist ein Ausweg aus dem Geborenen, Gewordenen, Geschaffenen, Aufgebauten zu erkennen.

UD VIII, 3

DAS ENDE DES LEIDENS

Wer an etwas hangt, hat Unruhe; wer an nichts hangt, hat keine Unruhe; wo keine Unruhe ist, da ist Ruhe; wo Ruhe ist, da ist keine sinnliche Lust; wo keine sinnliche Lust ist, da gibt es kein Kommen und Gehen; wo kein Kommen und Gehen ist, da gibt es kein Entstehen und Vergehen; wo es kein Entstehen und Vergehen gibt, da ist weder diese noch jene Welt, noch was zwischen beiden liegt: dies ist das Ende des Leidens.

UD VIII, 4

AM ZIEL

Wie die von Windes Macht verwehte
  Flamme
Verschwindet und kein Wort sie nennen
  mag,
So schwindet hin ein Weiser, der
  befreit
Von Leib und Leben, und kein Wort
  mehr nennt ihn.
Den Heimgegangenen mißt kein Maß,
  es fehlt
Das Wort, womit man ihn bezeichnen
  könnte.
Wo alle Dinge gänzlich sind
  vergangen,
Ist jeder Pfad der Rede uns
  versagt.

SN V, 7; 1074, 1076

BEDINGUNGEN FÜR DAS GEDEIHEN DER GEMEINDE

Der Erhabene ließ durch Ananda die bei Radschagaha wohnenden Bhikkhus zu einer Versammlung in der Empfangshalle zusammenrufen und belehrte sie über die Regeln, durch die sie sich vor Verfall schützen können:
«Versammelt euch oft und in großer Zahl! Versammelt euch in Eintracht und gehet in Eintracht wieder auseinander! Erlediget in Eintracht die Angelegenheiten der Gemeinde! Ordnet nichts Ungesetzliches an und stoßet nichts Gesetzliches um, sondern haltet an den hergebrachten Lebensregeln fest! Achtet und ehret die älteren, erfahrenen, schon lange geweihten Bhikkhus, die Väter und Führer der Gemeinde, und höret auf sie! Unterwerfet euch nicht dem zur Wiedergeburt führenden Durst, wenn er in euch erwacht! Suchet Lagerstätten in unbewohnter Gegend auf! Übet euch im richtigen Denken, ein jeder für sich, so daß gute Menschen gern zu euch kommen, um mit

euch ein Reinheitsleben zu führen, und die bei euch weilenden gern in eurer Gemeinschaft bleiben! Solange ihr diese Regeln haltet, ist anzunehmen, daß ihr vorwärts kommen werdet und keinen Verfall zu befürchten habt.

Erfreuet euch nicht an selbstsüchtiger Tätigkeit, erfreuet euch nicht an müßigem Gerede, nicht an Schläfrigkeit, nicht an Geselligkeit, heget keine bösen Wünsche, pfleget keine Freundschaft mit schlechten Menschen und keinen Umgang mit ihnen, gebet nicht auf halbem Wege das Streben auf, wenn ihr eben erst ein mittelmäßiges Ergebnis erreicht habt!

Seid vertrauensvoll, meidet sorgsam das Böse, höret auf die Lehre, ringet mit Tatkraft, übet euch im richtigen Denken, seid weise! Trachtet danach, die Vorstufen zum Erwachen zu entfalten, Besonnenheit, Ergründung der Lehre, Tatkraft, Begeisterung, Ruhe, Geistessammlung und Gleichmut!

Erwecket in euch die Vorstellung der Vergänglichkeit, die Vorstellung, daß alles Erkennbare nicht euer Ich ist, die Vorstellung der Unschönheit und des Elends aller Din-

ge, die Vorstellung der Entsagung, der Begierdelosigkeit und der Aufhebung (des Übels)!
Erweiset euren Mitbrüdern Liebe in Werken, Worten und Gedanken, offen und geheim, teilet redlich mit ihnen, was ihr an Spenden nach Recht und Ordnung empfangen habt, bis auf den Inhalt einer Schale, und verzehret es gemeinsam mit euren sittlich gefestigten Mitbrüdern! Befolget im Verkehr mit euren Mitbrüdern, offen und geheim, die Sittlichkeitsregeln, die den Edlen lieb sind und von Weisen gebilligt werden, die frei machen und zur Geistessammlung führen, ohne sie abzuschwächen oder zu verletzen, ohne sie zu verändern oder zu verunstalten, ohne sie anzutasten! Lebet mit euren Mitbrüdern nach der edlen, heilbringenden Lehre, die den sie Befolgenden zur vollkommenen Leidensvernichtung führt, wie offen so geheim! Solange ihr alle diese Regeln haltet, ist anzunehmen, daß ihr vorwärts kommen werdet und keinen Verfall zu befürchten habt.»

D XVI

ABSCHIEDSREDE

Jetzt bin ich alt, dem Ende naht mein
Leben;
Ich lasse euch zurück und gehe nun
Zur Zuflucht hin, die ich mir selbst
gegeben.
Übt euch in rechter Andacht, rechtem Tun;
Zu rechter Sammlung, Bhikkhus, seid
entschlossen
Und haltet euer Denken wohl bewacht!
Wer, wie die Lehre vorschreibt,
unverdrossen
Sein Leben führt, den Regeln folgt, der
macht
Sich frei von der Geburten Wiederkehr.
Für den, der so lebt, gibt's kein Leiden
mehr.

D XVI

ANKÜNDIGUNG DES PARINIRVANA

Dem ehrwürdigen Ananda fiel auf, daß das glänzende goldfarbige Gewand am Körper des Erhabenen aussah, als habe es seinen Glanz verloren, weil die Hautfarbe des Erhabenen es überstrahlte, und er sprach seine Verwunderung darüber aus. Da erklärte ihm der Erhabene, daß die Hautfarbe eines Vollendeten zu zwei Zeitpunkten überaus hell und strahlend werde, nämlich in der Nacht, in der er zum höchsten, vollkommenen Erwachen gelangt, und in der Nacht, in der er dahinscheidet zum erdenrestfreien Nirvanazustand. Und er fügte hinzu:

«Ananda, heute nacht, in der letzten Nachtwache, wird im Upaváttana bei Kusinâra, im Salawald der Maller, zwischen zwei Zwillings-Salabäumen der Vollendete zum ewigen Frieden, zum Parinirvana, eingehen.»

D XVI

BUDDHAS LETZTE WORTE

Dann sprach der Erhabene zu Ananda: «Vielleicht kommt euch der Gedanke: ‹Dahin ist die Unterweisung des Meisters, wir haben keinen Meister mehr.› So aber dürft ihr es nicht ansehen. Die Lehre und die Satzung, die ich euch gewiesen und angegeben habe, die sind euer Meister nach meinem Hinscheiden.»
Zu den Bhikkhus aber sprach der Erhabene: «Meine Bhikkhus! Vielleicht hat einer von euch noch einen Zweifel oder ein Bedenken wegen des Buddhas, wegen der Lehre, wegen der Gemeinde, wegen des Weges oder des Pfades. Fraget, damit ihr euch nicht nachher den Vorwurf machen müßt, daß ihr es versäumt habt, den Meister persönlich zu fragen, solange er unter euch weilte.»
Die Bhikkhus aber schwiegen. Der Erhabene richtete dieselbe Aufforderung noch zweimal an sie, doch sie blieben bei ihrem Schweigen. Da sprach der Erhabene:
«Meine Bhikkhus! Vielleicht möchtet ihr

nur aus Ehrfurcht vor dem Meister nicht fragen. Dann mag es jeder seinem Freunde anvertrauen.»
Die Bhikkhus aber schwiegen auch jetzt. Da sprach Ananda: «Herr, es ist erstaunlich und wunderbar! Ich glaube, daß in dieser Schar Bhikkhus nicht ein einziger Bhikkhu Zweifel oder Bedenken wegen des Buddhas, wegen der Lehre, wegen der Gemeinde, wegen des Weges oder des Pfades hat.»
«Ananda», erwiderte der Erhabene, «du glaubst das nur, der Vollendete aber weiß es genau: in dieser Gemeinde gibt es nicht einen einzigen Bhikkhu, der solche Zweifel oder Bedenken hat. Denn von diesen vielen Bhikkhus hat selbst der letzte schon den Weg zur Erlösung betreten, kann nicht mehr hinabsinken und ist sicher, einst zum vollkommenen Erwachen zu gelangen.»
Der Erhabene sprach zu den Bhikkhus: «Wohlan, meine Bhikkhus! Achtet wohl auf das, was ich euch jetzt sage: Vergehen muß, was geworden ist. Unermüdlich müßt ihr an euch arbeiten!»
Dies war das letzte Wort des Vollendeten.

D XVI

DAS PARINIRVANA

Der Erhabene gelangte nun nacheinander zu den vier Stufen der Versenkung, dann zu den Gebieten der Raumunendlichkeit, der Wahrnehmungsunendlichkeit, des Nichts und zum Grenzgebiet von Wahrnehmung und Nichtwahrnehmung, dann zum Aufhören von Wahrnehmung und Empfindung.

Vom Aufhören von Wahrnehmung und Empfindung stieg er der Reihe nach herab bis zur ersten Stufe der Versenkung; von dieser gelangte er dann wieder bis zur vierten Stufe. Unmittelbar von da aus erreichte er das Parinirvana.

Als der Erhabene zum Frieden einging, bebte gewaltig die Erde, Schrecken und Entsetzen erfüllte die Welt, und vom Himmel dröhnte der Donner.

D XVI

Bei der Quellenangabe verwendete Abkürzungen

A	Anguttara-Nikaya
D	Digha-Nikaya
DHP	Dhammapada
IT	Itivuttaka
M	Majjhima-Nikaya
S	Samyutta-Nikaya
SN	Suttanipata
UD	Udana

Alle genannten Werke sind im Tripitaka des Pali-Kanon gesammelt.

Inhaltsverzeichnis

Zur Einführung	5
Vor dem Erwachen	7
Der Gang in die Hauslosigkeit	9
Yoga-Studium und Askese	10
Das Erwachen	15
Der Entschluß zur Verkündigung	18
Die vier edlen Wahrheiten	21
Das wahre Feuer	25
Besonnenheit und Wissensklarheit	27
Nicht glauben! Selbst urteilen!	28
Der rechte Wandel	29
Tugenden und Laster	33
Die herzerlösende Güte	34
Die Motive der Taten	36
Der achtfache Weg	38
Die Geistessammlung	40
Die Stufen der Versenkung	42
Müßige Fragen	44
Die Bedingtheit alles Entstehens	48
Die Welt als Vorstellung	51
Der Geist und die Dinge	54

Die drei Merkmale 55
Kein Ding bleibt immer gleich 56
Der Geist ist nicht das Ich 57
Weder Sein noch Nichtsein 60
Ist ein Vollendeter nach dem Tode? 62
Das Nirvana 64
Das Nichtgeborene 65
Das Ende des Leidens 66
Am Ziel 67
Bedingungen für das Gedeihen der Gemeinde 68
Abschiedsrede 71
Ankündigung des Parinirvana 72
Buddhas letzte Worte 73
Das Parinirvana 75

Bei der Quellenangabe verwendete Abkürzungen 76

In der Reihe «Weisheit der Welt»
sind bisher erschienen

Aesop
Die Grille, der Löwe und die Wahrheit
Die schönsten Fabeln und ihre ewig jungen Lehren

Augustinus
Bekenntnisse
Gedanken und Erfahrungen des großen Gottsuchers

Mark Aurel
Leben nach rechtem Maß
Selbstbetrachtungen des Weisen
auf dem römischen Kaiserthron

Der Gesang des Donnervogels
Lebendige Weisheit der Indianer

Baltasar Gracián
Die Kunst der Weltklugheit
Über den Kampf des Menschen gegen die Unvernunft

Konfuzius
Der gute Weg
Worte des großen chinesischen Weisheitslehrers

Den Mond kann man nicht stehlen
Beispielhafte Zen-Geschichten aus tausend Jahren

Pascal

Wissen des Herzens

Gedanken und Erfahrungen des großen abendländischen Philosophen

Saadi von Schiras

Aus dem Rosengarten

Die schönsten Lehrgeschichten des großen persischen Dichters

Salomo

Weisheiten und Torheiten

Erkenntnis und Lebenserfahrung in den schönsten Sprüchen des großen biblischen Königs

Shankara

Das Kleinod der Unterscheidung

Ein Juwel indischer Weisheitsliteratur

Auf dem Weg zu sich selbst

Das Erlebnis der Meditation in Texten großer Meister aus Ost und West